在身体没有出现颤抖、或者服用药物的情形下 45 种可增肌的食谱：每餐中都有高的蛋白质含量！

作者

Joseph Correa

具有执照的营养专家

版权

© 2016 Finibi Inc

版权所有

在没有版权所有人允许的情形下，在 1976 美国版权法案第 107 和 108 条所允许范围之外，对本书籍任何部分的复制、或者翻译都是非法的。

这份出版物目的是针对所讨论的主题提供准确、以及权威性的信息。

这份出版物是在作者、或者出版商没有提供医学建议的情形下出售的。 如果需要医学建议、或者帮助，请咨询医生。 读者可把这本书当作指南，但是在出现对你健康不利的任何情形下不应当使用这本书。 开始这项营养计划之前，要咨询医生，以便确保其适合你。

鸣谢

在我家人的大力支持下,这本书才能得以完稿、并且取得成功。

在身体没有出现颤抖、或者服用药物的情形下 45 种可增肌的食谱：每餐中都有高的蛋白质含量！

作者

Joseph Correa

具有执照的运动营养专家

目录

版权

鸣谢

关于作者

介绍

日程表

在身体没有出现颤抖、或者服用药物的情形下45种可增加肌肉块的食谱：每餐中都有高的蛋白质含量！

这位作者的其他精美书籍

关于作者

我作为一名具有执照的运动营养专家和职业运动员，坚信适当的营养可有助于你更快、以及更有效的实现你的目标。这些年来我所具有的知识和经验有助于我更加健康的生活，我已经与我的家人和朋友分享了这些。你对更健康的饮食了解的越多，你就想更快的更快你的生活和饮食习惯。

能够成功的控制你的体重是非常重要的，因为这会改善你生活的方方面面。

营养对于在获得更好体形的过程红发挥着非常重要的作用，这正是这本书要讲述的内容。

介绍

在身体没有出现颤抖、或者服用药物的情形下 45 种可增加肌肉块的食谱有助于增加你每天消耗的蛋白质数量，从而可有助于增加肌肉块。这些食谱和日程表通过一个计划、并且了解你所食用的东西，从而能够安排有序的增加肌肉。有时候大家由于太过忙碌而不能合理饮食，这确实是一个问题，这本书正是基于这样的问题，从而帮助和大家营养自己的身体，实现你想要的目标。要确保你在准备饮食、或者你让其他人为你准备饮食时你需要吃什么。

这本书有助于你：

- 快速增肌

- 具有更多的能量。

- 自然的加速你的新陈代谢，生长出更多的肌肉。

- 改善你的消化系统。

Joseph Correa 是一位具有执照的运动营养专家、和职业运动员。

在身体没有出现颤抖、或者服用药物的情形下 45 种可增肌的食谱

肌肉塑造日程表

第 1 周

第 1 天：

早起者的早餐

小吃：蓝莓酸奶

吞拿鱼三明治和沙拉

小吃：白软干酪圣女果

墨西哥风味的蛋白质碗

第 2 天：

蓝莓柠檬薄煎饼

小吃：牛油果吐司

香辣牛排烤肉串

小吃：苹果和花生酱

地中海鱼

第 3 天：

超级碗

小吃：带有热带水果的酸奶

糙米八宝鸡

小吃：白软干酪灯笼椒

素食晚餐

第 4 天：

杏仁牛奶奶昔

小吃：杯装爆米花

带有土豆的培根青鳕

小吃：带有干枸杞子的酸奶

蒜味鹰嘴豆泥

第 5 天：

带有亚麻籽和苹果的希腊酸奶

小吃：花生酱年糕

芦笋烤三文鱼

小吃：带有山羊奶酪的芹菜和绿色橄榄

带有牛油果沙拉的鸡肉

第 6 天：

早餐'披萨'

小吃：带有蓝莓的希腊酸奶

凯撒鸡肉卷

小吃：烤鹰嘴豆

豆瓣鳕鱼

第 7 天：

粗燕麦粉的灯笼椒圈

小吃：混合坚果

牛肉和西兰花面条

小吃：火腿和芹菜条

芝麻菜鸡肉沙拉

第 2 周

第 1 天：

乳清蛋白松饼

小吃：牛油果吐司

虾和西葫芦意大利面沙拉

小吃：苹果和花生酱

豆腐汉堡

第 2 天：

墨西哥摩卡早餐

小吃：带有干枸杞子的酸奶

带有土豆沙拉的鲑鱼

小吃：杯装爆米花

带有菠萝和青椒的鸡肉

第 3 天：

烤面包、熏制三文鱼、以及牛油果

小吃：白软干酪圣女果

五香鸡肉

小吃：蓝莓酸奶

烤蘑菇和西葫芦汉堡

第 4 天：

水果和花生酱果昔

小吃：烤鹰嘴豆

墨西哥豆红辣椒

小吃：带有蓝莓的希腊酸奶

糖醋鸡

第 5 天：

富含蛋白质的炒饭

小吃：白软干酪灯笼椒

古斯米土耳其烤肉饼

小吃：带有热带水果的酸奶

比目鱼芥末酱

第6天：

南瓜饼蛋白质薄煎饼

小吃：火腿和芹菜条

地中海米饭

小吃：混合坚果

金枪鱼三明治

第7天：

塞满灯笼椒的金枪鱼

小吃：带有山羊奶酪的芹菜和绿色橄榄

菠菜、牛肉丸子意大利面

小吃：花生酱年糕

寿司碗

第3周

第1天：

高蛋白燕麦粥

在身体没有出现颤抖、或者服用药物的情形下 45 种可增肌的食谱

小吃：杯装爆米花

鸡蛋皮塔饼

小吃：苹果和花生酱

托盘烤鸡肉

第 2 天：

早起者的早餐

小吃：牛油果吐司

牛肉和西兰花面条

小吃：带有干枸杞子的酸奶

蒜味鹰嘴豆泥

第 3 天：

超级碗

小吃：带有蓝莓的希腊酸奶

凯撒鸡肉卷

小吃：白软干酪圣女果

地中海鱼

第 4 天：

蓝莓柠檬薄煎饼

在身体没有出现颤抖、或者服用药物的情形下 45 种可增肌的食谱

小吃：烤鹰嘴豆

芦笋烤三文鱼

小吃：蓝莓酸奶

芝麻菜鸡肉沙拉

第 5 天：

带有亚麻籽和苹果的希腊酸奶

小吃：火腿和芹菜条

吞拿鱼三明治和沙拉

小吃：带有热带水果的酸奶

带有牛油果沙拉的鸡肉

第 6 天：

粗燕麦粉的灯笼椒圈

小吃：白软干酪灯笼椒

糙米八宝鸡

小吃：混合坚果

豆瓣鳕鱼

第 7 天：

杏仁牛奶奶昔

在身体没有出现颤抖、或者服用药物的情形下 45 种可增肌的食谱

小吃：花生酱年糕

香辣牛排烤肉串

小吃：带有山羊奶酪的芹菜和绿色橄榄

墨西哥风味的蛋白质碗

第 4 周

第 1 天：

早餐'披萨'

小吃：带有蓝莓的希腊酸奶

带有土豆的培根青鳕

小吃：杯装爆米花

素食晚餐

第 2 天：

墨西哥摩卡早餐

小吃：白软干酪圣女果

地中海大米

小吃：苹果和花生酱

烤蘑菇和西葫芦汉堡

第 3 天：

水果和花生酱果昔

小吃：牛油果吐司

虾和西葫芦意大利面沙拉

小吃：蓝莓酸奶

糖醋鸡

第 4 天：

南瓜饼蛋白质薄煎饼

小吃：带有干枸杞子的酸奶

五香鸡肉

小吃：烤鹰嘴豆

比目鱼芥末酱

第 5 天：

烤面包、熏制三文鱼、以及牛油果

小吃：火腿和芹菜条

菠菜、牛肉丸子意大利面

小吃：混合坚果

豆腐汉堡

第 6 天：

在身体没有出现颤抖、或者服用药物的情形下 45 种可增肌的食谱

高蛋白燕麦粥

小吃：白软干酪灯笼椒

墨西哥豆红辣椒

小吃：带有热带水果的酸奶

寿司碗

第 7 天：

富含蛋白质的炒饭

小吃：花生酱年糕

带有土豆沙拉的鲑鱼

小吃：带有蓝莓的希腊酸奶

托盘烤鸡肉

在身体没有出现颤抖、或者服用药物的情形下 45 种可增肌的食谱

一个月另外两天：

第 1 天：

乳清蛋白松饼

小吃：带有山羊奶酪的芹菜和绿色橄榄

古斯米土耳其烤肉饼

小吃：苹果和花生酱

金枪鱼三明治

第 2 天：

塞满灯笼椒的金枪鱼

小吃：蓝莓酸奶

鸡蛋皮塔饼

小吃：混合坚果

带有菠萝和青椒的鸡肉

45 种增肌食谱

早餐

1. 早起者的早餐

通过食用这些高蛋白、高碳水化合物、用烤炉烤制的早餐，把你的身体从分解代谢产物的状态解脱出来。葡萄柚和芦笋可为你提供身体超过半天所需的维生素 C。

配料（1 份）：

6 个蛋清

½ 杯煮熟的藜麦和糙米

3 个芦笋，切片

½ 个红葡萄柚

1 个小的红灯笼椒，切片

1 勺无味的乳清蛋白粉

1 个大蒜瓣，压碎

橄榄油喷雾

胡椒，盐

准备时间：10 分钟

烹制时间：15-20 分钟

准备：

预热烤炉到风扇 200 度/液化气数值为 6。在铸铁煎锅上轻轻的喷上一些橄榄油。

在蛋清放在一个中等大小的碗里，放入少许盐和胡椒进行搅拌，直到气泡。

把煮好的糙米和藜麦倒入煎锅；然后倒入蛋清、芦笋条、以及灯笼椒切片。

在烤炉中烤制 15-20 分钟、或者直到鸡蛋已经熟了。

每份的营养价值：407 千卡，52 克蛋白质，40 克碳水化合物（5 克纤维，8 克糖），2 克脂肪，15%钙，12%铁，19%镁，26%维生素 A，63%的维生素 C，48%维生素 K，12%维生素 B1，69%维生素 B2，26%维生素 B9。

2. 超级碗

这是一份具有恰当名称的早餐，超级碗是把高蛋白的蛋清和富含能量的燕麦片融合在一起了。核桃可增加健康的脂肪、并且蜂蜜可让任何失误都带有一丝甜味。

配料（1份）：

6个蛋清

½ 杯速溶燕麦片，已煮好

1/8 杯核桃仁

¼ 杯浆果

1 茶匙原蜜

肉桂

准备时间：10分钟

烹制时间：5分钟

准备：

搅拌蛋清，然后在煎锅上用小火烹制。

把燕麦片和蛋清放入碗中；然后添加肉桂和原蜜，混合。

顶部搭配草莓、香蕉以及核桃仁。

在身体没有出现颤抖、或者服用药物的情形下 45 种可增肌的食谱

每份的营养价值：344 千卡，30 克蛋白质，33 克碳水化合物（3 克纤维，23 克糖），11 克脂肪（2 种饱和脂肪），10%铁，15%镁，10%维生素 B1，11%维生素 B2，15%维生素 B5。

3. 塞满灯笼椒的金枪鱼

这是一款可提供大量维生素 B12 的便捷营养食谱。金枪鱼富含蛋白质，是增肌的绝佳早餐选项，并且如果你想在你的饮食中增加一些碳水化合物，一片全麦烤面包是很好的选项。

配料（2 份）：

2 罐带水金枪鱼（185 克），半干
3 个煮好的鸡蛋
1 棵葱，切碎
5 个酸黄瓜，切片
胡椒，盐
4 个灯笼椒，对开切开，去掉种子

准备时间：5 分钟
烹制时间：10 分钟

准备：

把金枪鱼、鸡蛋、大葱、酸黄瓜、以及调料放入一个食品处理机中，进行混合直到所有食材充分混合。

在混合物中添加两等份的灯笼椒，然后食用。

每份的营养价值：480 千卡，46 克蛋白质，16 克脂肪（4 克饱和脂肪），8 克碳水化合物（2 克纤维，4 克糖），28%镁，94%的维生素 A，400%维生素 C，12%维生素 E，67%维生素 K，18%

维生素 B1，32%维生素 B2，90%维生素 B3，20%维生素 B5，56%维生素 B6，18%维生素 B9,284%维生素 B12。

4. 带有亚麻籽和苹果的希腊酸奶

除了传统的蛋清增肌早餐之外，还没有尝试一些具有苹果口味的、富含蛋白质的希腊酸奶。使用整的亚麻籽可以让纤维的摄入量实现最大化，要把亚麻籽放入水中浸泡一夜，以使其变软、从而容易消化。

配料（1份）：

1 杯希腊酸奶

1 个苹果，薄薄的切片

2 大汤匙亚麻籽

¼ 茶匙肉桂

1 茶匙甜味菊

少量的盐

准备时间：5 分钟

烹制时间：45 分钟

准备：

预热烤炉到风扇 190 度/液化气数值为 5。把苹果切片放在一个不粘锅中，在其上洒肉桂、甜叶菊、以及少许盐，放入盖上盖子，烹制 45 分钟/直到其变软。从烤炉去除，然后降温 30 分钟。

把希腊酸奶倒入碗中，顶部搭配有苹果和亚麻籽，然后就可食用了。

每份的营养价值： 422 千卡，22 克蛋白质，39 克碳水化合物（7 克纤维，22 克糖），21 克脂肪（8 克饱和脂肪），14%钙，22%镁，14%维生素 C，24%维生素 B1，13%维生素 B12。

5. 粗燕麦粉灯笼椒圈

粗燕麦粉灯笼椒圈是一款美味、以及外观特别的膳食，这样的美味可以营养你的肌肉，向你提供充足的能量，使你精力充沛的度过一天。这款早餐富含颜色和营养，其维生素 B1 的含量很高。

配料（1份）：

6 个蛋清

2 个鸡蛋

¼ 杯糙米粉

1 杯生菠菜

½ 绿青椒

1 杯圣女果

橄榄油喷雾

胡椒，盐

准备时间：10 分钟

烹制时间：15 分钟

准备：

在蛋清中加入少许盐和胡椒搅拌，直到蛋清起泡。在不沾平底锅中倒入少许油加热，烹制蛋清和粗燕麦粉。加入菠菜，混合在一起烹制，直到菠菜变蔫。

在平底锅上轻轻的喷上少许橄榄油，并且设置为中度加热。水平切开灯笼椒，形成两个圈，把其放在平底锅中，把鸡蛋打入灯笼椒内。对其进行烹制，直到鸡蛋变白。

把蛋清-粗燕麦粉的混合物、以及烹制好的灯笼椒圈放在盘子中，搭配圣女果一起食用。

每份的营养价值：495千卡，45克蛋白质，45克碳水化合物（3克纤维，7克糖），11克脂肪（3克饱和脂肪），9%钙，14%铁，20%镁，35%维生素A，32%的维生素C，91%维生素B2，22%维生素B5，12%维生素B6，15%维生素B12。

6. 杏仁牛奶奶昔

烹制这款富含维生素 D 和 B1 的杏仁牛奶奶昔仅需 10 分钟。你可以烹制大量的杏仁牛奶奶昔，把其放在冰箱中，使其称为你早餐便捷的早餐。

配料（2 份）：

1 杯杏仁乳

1 杯冷冻草莓

1 杯菠菜

1 勺香蕉口味的蛋白质粉

1 大汤匙奇异子

准备时间：10 分钟

无需烹制

准备：

把所有的配料放入搅拌机进行混合，直到其充分混合，然后倒入两个玻璃杯中，食用。

每份的营养价值：295 千卡，26 克蛋白质，32 克碳水化合物（4 克纤维，13 克糖），9 克脂肪，40%钙，20%铁，12%镁，50%维生素 A，40%的维生素 C，25%维生素 D，57%维生素 E，213%维生素 B1，18%维生素 B9。

7. 南瓜馅蛋白质薄煎饼

忘记面的味道，尝试在燕麦薄煎饼中添加一些美味新鲜的南瓜味道吧。抛开一些没有热量的果汁吧，享受一次高蛋白质的早餐吧。

配料（1份）：

1/3 杯老式燕麦

¼ 杯南瓜

½ 杯蛋清

1 勺肉桂蛋白质粉

½茶匙肉桂

橄榄油喷雾

准备时间：5 分钟

烹制时间：5 分钟

准备：

把所有配料放入碗中混合。在中等尺寸的平底过上喷少许橄榄油，然后设置在中等加热。

倒入面糊，当你在薄煎饼的顶部看到出现小的气泡时，翻转。当薄煎饼的两边都变金黄色时，取出就可享用了。

每份的营养价值：335 千卡，39 克蛋白质，37 克碳水化合物（6 克纤维，1 克糖），6 克脂肪，14%钙，15%铁，26%镁，60%维生素 A，26%的维生素 B1，37%维生素 B2，10%维生素 B5，31%维生素 B6。

8. 高蛋白燕麦粥

在这款美食碳水化合物的帮助下,会让你在数小时内感觉到吃饱喝足,而且蛋白粉和杏仁会给你带来丰富的蛋白质。如果你想让你的燕麦粥带有水果的味道,可以使用香蕉风味的蛋白粉。

配料(1份):

2 包速溶燕麦片(每包 28 克)

¼ 杯磨过的杏仁粉

1 勺香菜口味的乳清蛋白粉

1 大汤匙肉桂

准备时间:5 分钟

烹制时间:5 分钟

准备:

把速溶燕麦片倒入碗中,与蛋白粉和杏仁粉混合。添加热水进行混合。顶部搭配有打碎的杏仁,然后就可食用了。

每份的营养价值:436 千卡,33 克蛋白质,45 克碳水化合物(10 克纤维,4 克糖),15 克脂肪(1 克饱和脂肪),17%钙,19%铁,37%镁,44%维生素 E,21%维生素 B1。

9. 富含蛋白质的炒饭

在享用这份 51 克蛋白质的美食之后,可以滋养你的肌肉,完成一次高强度的锻炼。这些带有蔬菜和土耳其香肠的炒蛋清富含碳水化合物、以及维生素。

配料(1 份):

8 个蛋清

2 段土耳其香肠,切碎

1 个大的洋葱,切成小方块

1 杯红色的灯笼椒,切成小方块

2 个西红柿,切成小方块

2 杯生菠菜,切碎

1 茶匙橄榄油

盐和胡椒

准备时间:10 分钟

烹制时间:10-15 分钟

准备:

在蛋清中加入少许盐和胡椒搅拌,然后放在一旁。

把油倒入一个大的不粘锅中加热，洒入洋葱、胡椒，用油煎，直到其变软。用盐和胡椒调味。加入土耳其香肠，烹制，直到其变成金黄色，然后降低温度，倒入蛋清，混合。

当蛋清快要熟时，倒入西红柿和菠菜，烹制两分钟，然后就可食用了。

每份的营养价值：475 千卡，51 克蛋白质，37 克碳水化合物（10 克纤维，18 克糖），10 克脂肪（2 克饱和脂肪），14%钙，23%铁，37%镁，255%维生素 A，516%的维生素 C，25%维生素 E，397%维生素 K，22%维生素 B1，112%的维生素 B2，29%维生素 B3，19%维生素 B5，51%维生素 B6，65%维生素 B9。

10. 水果和花生酱果昔

食用这份草莓口味的果昔，可让你获得一天所需的钙。其富含矿物质、维生素、蛋白质、以及可提供能量的碳水化合物，是开启一天锻炼生活的绝佳之选。

配料（1份）：

15 个中等大小的草莓

1 1/3 大汤匙花生酱

85 克豆腐

½ 杯无脂酸奶

¾ 杯脱脂牛奶

1 勺蛋白质粉

8 个冰块

准备时间：5 分钟

无需烹制

准备：

把牛奶、酸奶、以及其余的配料依次倒入搅拌机中。进行混合，直到混合物完全混合、以及起泡。倒入到玻璃杯中，就可食用了。

每份的营养价值：472 千卡，45 克蛋白质，40 克碳水化合物（6 克纤维，31 克糖），13 克脂肪（4 克饱和脂肪），110%钙，35%铁，27%镁，30%维生素 A，190%的维生素 C，11%维生素 E，13%维生素 B1，24%维生素 B2，10%的维生素 B5，18%维生素 B6，17%维生素 B9, 12%维生素 B12。

11. 乳清蛋白松饼

这份早餐含有一定数量有益于健康的燕麦片、以及巧克力口味的乳清蛋白粉，其是通常燕麦粥早餐的绝佳替代选项。 再搭配上一杯牛奶，其可以让你获得大量的钙和维生素 D。

配料（4 个松饼 - 2 份）：

1 杯燕麦片

1 个大的全蛋

5 个大的蛋清

½ 勺巧克力风味蛋白质

橄榄油喷雾

2 杯低脂牛奶，要食用

准备时间：2 分钟

烹制时间：15 分钟

准备：

把烤炉预热到风扇 190 摄氏度/液化气数值为 5。

把所有的配料安抚你过载一起混合 30 秒，对松饼罐喷上橄榄油，然后把面糊分成四个松饼。 在烤炉中放置 15 分钟。

从烤炉中取出，让其降温，然后在搭配有牛奶的情形下食用。

每份的营养价值（包括牛奶）：330 千卡，28 克蛋白质，37 克碳水化合物（9 克纤维，13 克糖），6 克脂肪（5 克饱和脂肪），37%钙，22%铁，19%镁，12%维生素 A，34%的维生素 D，44%维生素 B1，66%维生素 B2，25%维生素 B5，11%维生素 B6，24%维生素 B12。

12. 烤面包、熏制三文鱼、以及牛油果

你正在进行艰苦的锻炼、以及空余时间很少吗？仅需花费 5 分钟，就可准备这款风味极佳的早餐。三文鱼和牛油果富含有易于健康的氨基酸，这份早餐中含有丰富的蛋白质和碳水化合物，可让你保持充沛的体力。

配料（2 份）：

300 克熏制三文鱼

2 个中等大小的成熟牛油果，去核、去皮

使用半个柠檬制作的汁

少量龙嵩叶，切碎

2 片全麦的烤制面包

准备时间：5 分钟

没有烹制时间

准备：

把牛油果切成大块，放在柠檬汁中。扭转和折叠熏制的三文鱼片，把其放在盘子上，然后撒上牛油果和龙嵩叶。然后在配有全麦面包情形下食用。

在身体没有出现颤抖、或者服用药物的情形下 45 种可增肌的食谱

每份的营养价值： 550 千卡，34 克蛋白质，37 克碳水化合物（12 克纤维，4 克糖），30 克脂肪（5 克饱和脂肪），17%钙，24%镁，27%镁，42%维生素 A，16%的维生素 C，25%维生素 E，25%维生素 C，27%维生素 E，42%的维生素 K，16%维生素 B1，24%维生素 B2，55%维生素 B3，35%维生素 B5，40%维生素 B6，35%维生素 B9，81%维生素 B12。

13. 早餐'披萨'

忘记那些高热量、没有营养的披萨，用这款美味的披萨取代它们吧。烹制这款披萨仅需 20 分钟，其不仅仅富含蛋白质、而且富含矿物质和维生素。

配料（1 份）：

1 个小的全麦皮塔饼

3 个蛋清

1 个鸡蛋

¼ 杯低脂马苏里拉奶酪

1 棵大葱，切片

¼ 杯蘑菇，切成小方块

¼ 杯灯笼椒，切成小方块

2 片土耳其熏肉，切碎

1 茶匙橄榄油

盐和胡椒

准备时间：10 分钟

烹制时间：10 分钟

准备：

在鸡蛋中加入少许盐和胡椒搅拌，并且加入切碎的蔬菜。

弯曲皮塔饼的边缘形成一个碗。在两侧刷上橄榄油，并且把皮塔饼放在烤架上，圆顶朝下。开始烤制，直到其变成金黄色，然后翻转到另一侧。

把鸡蛋混合物倒入到皮塔饼中，直到鸡蛋快要熟了，加入土耳其香肠、大葱、以及奶酪。进行烹制，直到奶酪已经溶化，就可食用了。

每份的营养价值：350 千卡，33 克蛋白质，12 克碳水化合物（3 克纤维，4 克糖），15 克脂肪（6 克饱和脂肪），32%钙，19%铁，15%镁，36%维生素A，88%的维生素C，72%维生素K，22%维生素B1，71%的维生素B2，22%维生素B3，14%维生素B5, 21%维生素B6，25%维生素B9,29%维生素B12。

14. 墨西哥摩卡早餐

你钟爱的燕麦粥顶部有杏仁乳，享用这份可以快捷制作的高纤维早餐。 辣椒可以为你的燕麦粥早餐增加一丝吸引力。

配料（1份）：

1 杯燕麦片

1 勺巧克力风味蛋白质粉

½ 大汤匙肉桂

½ 茶匙辣椒

1 杯未加糖杏仁乳

1 大汤匙未加糖可可粉

准备时间：5 分钟

烹制时间：3 分钟

准备：

把所有配料放入可在微波炉上使用的碗中。在微波炉中加热 2 ½ -3 分钟，然后就可食用了。

每份的营养价值：304 千卡，27 克蛋白质，38 克碳水化合物（8 克纤维，3 克糖），15%铁，25%镁，10%维生素 A，25%维生素 D，51%维生素 E，12%维生素 B1。

15. 蓝莓柠檬薄煎饼

蓝莓柠檬薄煎饼是一份以加热状态供应的早餐,其可通过柠檬的味道而丰富,是开启你一天生活所需获得高能量的简单快捷、以及美味的方法。 如果你愿意,你可在薄煎饼的顶部放上一大汤匙希腊酸奶。

配料(1份):

1/3 杯燕麦麸

5 个蛋清

½ 杯蓝莓

1 勺无味的乳清蛋白粉

½ 茶匙苏打粉

1 茶匙磨碎的柠檬皮

1 大汤匙柠檬饮料混合物

橄榄油喷雾

准备时间:5 分钟

烹制时间:5 分钟

准备:

把所有的配料放入一个大的碗中，混合、以及搅拌，直到充分混合。

在中高温状态下烹制一次所需之量，直到其表面出现气泡。 翻转，继续烹制，直到每侧都变成黑金黄色。 取出薄煎饼，就可食用了。

每份的营养价值：340千卡，47克蛋白质，37克碳水化合物（6克纤维，14克糖），5克脂肪，10%铁，25%镁，12%维生素C，19%维生素K，26%维生素B1，58%维生素B2。

午餐

16. 地中海米饭

把金枪鱼罐头变成美味的菜肴，这对于下午的锻炼来说是一个完美的开端。 大量的碳水化合物可为下午的锻炼提供充足的能量，并且蛋白质可确保你的肌肉从锻炼中恢复。

配料（1 份）：

1 罐金枪鱼，带油，无水

100 克糙米

¼ 牛油果，切碎

¼ 红洋葱，切片

使用半个柠檬制作的汁

盐和胡椒

准备时间： 5 分钟

烹制时间：20 分钟

准备：

糙米需要煮大约 20 分钟，然后把其和洋葱、金枪鱼和牛油果放在一个碗中。 加入柠檬汁，然后把所有配料混合起来。 可使用盐和胡椒来调味，然后就可食用了。

每份的营养价值： 590 千卡，32 克蛋白质，80 克碳水化合物（7 克纤维，1 克糖），14 克脂肪（5 克饱和脂肪），22%铁，52%镁，101%维生素 D，18%维生素 E，107%的维生素 K，32%维生素 B1，134%维生素 B3，26%维生素 B5，39%的维生素 B6，15%维生素 B9，63%维生素 B12。

17. 五香鸡肉

鸡肉是高蛋白增肌膳食的绝佳之选。其富有全面的营养啊,这款简单、美味的膳食可与你旋转的碳水化合物搭配食用。

配料(2份):

3块无骨鸡胸,对半切开

175克低脂酸奶

5厘米长的黄瓜,细细的切碎

2大汤匙泰式红咖喱酱

2大汤匙香菜,切碎

2杯生菠菜。

准备时间:5分钟

烹制时间:35-40分钟

准备:

预热烤炉到风扇190度/液化气数值为5。把鸡肉以一层的方法放在盘子中。 把1/3的酸奶、咖喱酱、以及2/3的香菜、加盐混合,倒在鸡肉上,要确保鸡肉被均匀覆盖。 放置30分钟(或者放在冰箱中隔夜)。

把鸡肉放在烘盘的架子上,烹制35-40分钟,直到鸡肉变成金黄色。

在平底锅中加热水，菠菜焯水。

混合剩余的酸奶和香菜，并且加入黄瓜，搅拌。把混合物倒在鸡肉上，与烹制好的菠菜一起食用。

每份的营养价值：275 千卡，43 克蛋白质，8 克碳水化合物（1 克纤维，8 克糖），3 克脂肪（1 克饱和脂肪），20%钙，15%铁，25%镁，56%维生素 A，18%的维生素 C，181%维生素 K，16%维生素 B1，26%的维生素 B2，133%维生素 B3，25%维生素 B5，67%维生素 B6，19%维生素 B9，22%维生素 B12。

18. 鸡蛋皮塔饼

享用这份沙文鱼菜肴,可以让你获得欧米茄-3 脂肪酸。这份菜肴富含维生素和矿物质,可为你提供充足的能量,使其富有活力完成一天的活动。

配料(2 份):

1 个含水沙文鱼罐头(450 克)

2 个鸡蛋

1 棵大葱,切碎

2 个大的生菜叶

10 个圣女果

1 大汤匙希腊酸奶

一个大的全麦皮塔饼,切成两半

海盐和胡椒

准备时间:10 分钟

烹制时间:10 分钟

准备:

煮熟鸡蛋,剥皮,切成两半,去除蛋黄之后,放置在碗中。

把沙文鱼罐头、1 大汤匙酸奶、大葱、以及调料倒入到碗中。把所有配料混合在一起，这其中就包括蛋清。 生菜、西红柿和皮塔饼一起搭配食用。

每份的营养价值：455 千卡，45 克蛋白质，24 克碳水化合物（3 克纤维，2 克糖），36 克脂肪（10 克饱和脂肪），59%钙，22%铁，21%镁，30%维生素 A，24%的维生素 C，43%维生素 K，11%维生素 B1，36%的维生素 B2，60%维生素 B3，20%维生素 B5, 41%维生素 B6，20%维生素 B9，20%维生素 B12。

19. 凯撒鸡肉卷

这些鸡肉卷是一款绝佳的便捷菜肴,可以确保你身体全天都保持高的蛋白质水平。 加入一些菠菜段,使得这款菜肴富有绿色的生机。

配料(1份):

85 克烤过的鸡胸肉

2 个全麦墨西哥玉米饼

1 杯生菜

50 克无脂酸奶

1 大汤匙鱼酱

1 茶匙干芥末粉

1 个大蒜瓣,已煮熟

½ 中等大小的黄瓜,切碎

准备时间:5 分钟

无需烹制

准备:

在身体没有出现颤抖、或者服用药物的情形下 45 种可增肌的食谱

把鱼酱、大蒜、酸奶混合起来，上下摇动，然后覆盖在生菜和黄瓜上。 把混合物分成两份，倒在墨西哥玉米饼上，然后在每个墨西哥玉米饼上放上一半的鸡肉。 卷起来，就可食用了。

每份的营养价值（2 个墨西哥玉米饼）：460 千卡，41 克蛋白质，57 克碳水化合物（7 克纤维，9 克糖），10 克脂肪（2 克饱和脂肪），11%钙，22%维生素 K，13%维生素 B2，59%维生素 B3，12%维生素 B5，29%维生素 B6，10%维生素 B12。

20. 芦笋烤三文鱼

这是一款经典的菜肴，把柠檬汁和芥末当作卤汁时味道更加，烤三文鱼在搭配有蒜味芦笋叶时效果更加。 这款菜肴富含优蛋白质和维生素。

配料（1 份）：

140 克野生三文鱼

1 ½ 杯芦笋

卤汁：

1 大汤匙切碎的大蒜

1 大汤匙芥末酱

使用半个柠檬制作的柠檬汁

1 茶匙橄榄油

准备时间： 5 分钟

烹制时间： 15 分钟

准备：

预热烤炉到风扇 200 度/液化气数值为 6。

在一个碗中，混合柠檬汁、切碎的大蒜、橄榄油、以及芥末酱，把卤汁倒在三文鱼上，要确保三文鱼被卤汁完全覆盖。 把卤制的三文鱼放在冰箱至少一小时。

把芦笋底部的茎切掉。 把不沾平底锅设置为中/高温加热，把剩余切碎的大蒜和芦笋一起烹制，大约五分钟，经常翻动芦笋。

把三文鱼放在烤盘上，烤制 10 分钟，然后就可与烹制的芦笋一起搭配食用了。

营养价值：350 千卡，43 克蛋白质，7 克碳水化合物（5 克纤维，1 克糖），16 克脂肪（1 克饱和脂肪），17%钙，20%镁，48%维生素 A，119%的维生素 C，17%维生素 E，288%维生素 K，39%维生素 B1，60%的维生素 B2，90%维生素 B3，33%维生素 B5, 74%维生素 B6，109%维生素 B9，75%维生素 B12。

21. 菠菜、牛肉丸子意大利面

这款高蛋白质的意大利面非常重视牛肉和菠菜的搭配。其不仅富含优众多的维生素，而且也含有大量的镁，其可帮助调节肌肉的收缩。

配料（2份）：

肉丸子：

170 克绞碎的瘦牛肉

½ 杯切碎的生菠菜

1 大汤匙切碎的大蒜

¼ 杯切丁红洋葱

1 茶匙孜然

海盐和胡椒

意大利面：

100 克全麦菠菜意大利面

10 个圣女果

2 杯生菠菜

¼ 杯沙司

2 大汤匙低脂巴马干酪

在身体没有出现颤抖、或者服用药物的情形下 45 种可增肌的食谱

准备时间：15 分钟

烹制时间：30 分钟

准备：

预热烤炉到风扇 200 度/液化气数值为 6。

按照口味把绞碎的牛肉、生菠菜、大蒜、红洋葱、盐、以及胡椒混合。用你的手彻底进行混合，直到菠菜已经完全融入到牛肉中。

形成两个、或者三个肉丸子，其具有大致相同的尺寸，然后把这些肉丸子放在烤炉的烤盘上烤制大约 10-12 分钟。

根据包装上的说明煮制意大利面。把意大利面中的水倒完，放在西红柿、菠菜、以及奶酪中搅拌。然后加上肉丸子，就可食用了。

每份的营养价值：470 千卡，33 克蛋白质，50 克碳水化合物（6 克纤维，5 克糖），12 克脂肪（5 克饱和脂肪），17%钙，28%铁，74%镁，104%维生素 A，38%的维生素 C，11%维生素 E，361%维生素 K，16%维生素 B1，20%的维生素 B2，45%维生素 B3，11%维生素 B5, 45%维生素 B6，35%维生素 B9。

22. 糙米八宝鸡

糙米是在你的饮食中增加优质碳水化合物的绝佳方法。 其与高蛋白质的鸡胸肉、以及一些蔬菜相搭配，你就可享用这份美味的午餐了。

配料（1 份）：

170 克鸡胸肉

½ 杯生菠菜

50 克糙米

1 个大的洋葱，切成小方块

1 个西红柿，切片

1 茶匙菲达奶酪

准备时间：10 分钟

烹制时间：30 分钟

准备：

把烤炉预热到风扇 190 摄氏度/液化气数值为 5。

从中间把鸡胸肉切开，使其看起来像是一只蝴蝶。用盐和胡椒对鸡肉调味，然后展开，在一侧分层放上菠菜、菲达奶酪、以及西红柿切片。折叠鸡胸肉，然后用牙签使其形成闭合状态，然后烤制20分钟。

煮熟糙米，然后添加大蒜和切碎的洋葱。把糙米放在铺在盘子上，然后把鸡胸肉放在上面就可食用了。

每份的营养价值：469千卡，48克蛋白质，46克碳水化合物（5克纤维，6克糖），8克脂肪（5克饱和脂肪），22%钙，18%铁，38%镁，55%维生素A，43%的维生素C，169%维生素K，28%维生素B1，28%的维生素B2，103%维生素B3，28%维生素B5, 70%维生素B6，23%维生素B9，17%维生素B12。

23. 虾和西葫芦意大利面沙拉

这款菜肴不仅有意大利面,而且还有切碎的西葫芦、大虾、以及各种各样的芝麻。 这些配料搭配在一起,就形成了具有高蛋白质含量口味清单的午餐。

配料(1 份):

170 克蒸熟的大虾

一个大的西葫芦,切碎

¼ 红洋葱,切片

1 杯灯笼椒,切片

1 大汤匙烧烤用的芝麻酱和黄油

1 茶匙香油

1 茶匙芝麻油

准备时间:10 分钟

无需烹制

准备:

使用切菜器切西葫芦,以便烹制生的意大利面。

把芝麻酱和芝麻油放入碗中混合。

把所有配料放入大碗中，倒入芝麻酱，上下摇动，要确保面条都被覆盖。洒上一些芝麻籽，就可享用了。

每份的营养价值： 420 千卡，45 克蛋白质，26 克碳水化合物（10 克纤维，12 克糖），18 克脂肪（2 克饱和脂肪），19%钙，47%铁，48%镁，33%维生素 A，303%的维生素 C，17%维生素 E，31%维生素 K，38%维生素 B1，36%的维生素 B2，38%维生素 B3，13%维生素 B5, 66%维生素 B6，35%维生素 B9，42%维生素 B12。

24. 古斯米土耳其烤肉饼

这款土耳其烤肉饼是在烤饼锅中烹制的,其可确保你摄入的饱和脂肪量为最低。 可在肉丸中添加灯笼椒、或者蘑菇,以取代洋葱,也可以使用捣碎的大蒜的来调味。

配料（1 份）：

140 克瘦绞火鸡肉

¼ 杯切丁红洋葱

1 杯生菠菜

1/3 杯低钠沙司酱

½ 杯古斯米,煮熟

调味品的选择：香芹,罗勒,香菜

胡椒,盐

橄榄油喷雾

准备时间：5 分钟

烹制时间：20 分钟

准备：

预热烤炉到风扇 200 度/液化气数值为 6。

使用你选择的调味品给火鸡肉调味,并且添加切丁的洋葱。

在烤饼锅上轻轻的喷一些橄榄油,把绞火鸡肉放在松饼支架上。每个火鸡肉团上倒一茶匙沙司酱,然后放入烤炉内,8-10 分钟。

与古斯米搭配一起食用。

每份的营养价值: 460 千卡,34 克蛋白质,53 克碳水化合物(4 克纤维,7 克糖),12 克脂肪(4 克饱和脂肪),12%钙,15%铁,10%镁,16%维生素 A,15%的维生素 C,11%维生素 E,16%维生素 K,11%维生素 B1,25%维生素 B3,16%维生素 B6,11%维生素 B9。

25. 吞拿鱼三明治和沙拉

吞拿鱼三明治富含蛋白质和碳水化合物，这使其成为白天锻炼餐食的绝佳之选。通过选择不同的蔬菜、以及使用沙拉酱调料调味，每次都可体验到不同之处，并且会很有意思。

配料（1 份）：

1 个大块吞拿鱼罐头（165 克）

1 个蛋清

½ 杯切碎的蘑菇

2 杯切碎的生菜

¼ 杯干燕麦片

1 茶匙橄榄油

1 大汤匙低脂沙拉酱（偏好）

少许切碎的牛至

1 个全麦中等尺寸的卷，对半切开

准备时间：10 分钟

烹制时间：10 分钟

准备：

把蛋清、吞拿鱼、干燕麦片、牛至、以及充分混合，形成一个小肉饼。

设置不粘锅为中等加热，加热油，把肉饼放在上面，翻转，这样可确保其两侧都可得到烹制。

对半切开全麦卷，把肉饼方能够在切开的两个全麦卷之间。

把蔬菜放入碗中，添加沙拉调味酱、这样就可与吞拿三文鱼一起搭配食用了。

每份的营养价值：560 千卡，52 克蛋白质，76 克碳水化合物（13 克纤维，7 克糖），10 克脂肪（1 克饱和脂肪），11%钙，35%铁，38%镁，16%维生素 A，16%的维生素 K，35%维生素 B1，33%维生素 B2，24%维生素 B3，28%维生素 B5，41%维生素 B6，21%维生素 B9，82%维生素 B12。

26. 香辣牛排烤肉串

这款香辣烤肉串搭配有烤土豆，这使得其不仅是一款很好的增肌菜肴，而且还具有能够保护视力的维生素 A。在土豆上添加一大汤匙低脂酸奶，会给你带来更加清新的口感。

配料（1份）：

140 克瘦牛腩排

200 克甜土豆

1 个切碎的灯笼椒

½ 中等大小的西葫芦，切碎

剁碎的大蒜

胡椒，盐

准备时间：15 分钟

烹制时间：55 分钟

准备：

预热烤炉到风扇 200 度/液化气数值为 6。用箔纸保住甜土豆，放在烤炉中，烤制 45 分钟。

把牛腩排切成小块，食用盐、胡椒和大蒜调味。 穿肉串，可交替穿入牛肉、稀糊糊、以及灯笼椒。

把肉串放在烤盘上，烤制 10 分钟，然后就可烤好的甜土豆一起搭配食用了。

每份的营养价值：375 千卡，38 克蛋白质，49 碳水化合物（9 克纤维，12 克糖），4 克脂肪（1 克饱和脂肪），24%铁，27%镁，27%镁，581%维生素 A，195%的维生素 C，21%维生素 K，22%维生素 B1，28%维生素 B2，61%的维生素 B3，28%维生素 B5，92%维生素 B6, 20%维生素 B9，30%维生素 B12。

27. 带有土豆沙拉的鲑鱼

想要确保你不缺乏维生素 B12 吗？ 品尝这款与富含营养和维生素、具有新鲜口感的土豆沙拉搭配的美味鲑鱼吧。

配料（2 份）：

2*140 克的鲑鱼片

250 克蜡色土豆，对半切开

4 茶匙酸奶

4 茶匙降脂蛋黄酱

1 大汤匙洗净的酸豆

4 个小的酸黄瓜，切片

2 棵葱，切碎

¼黄瓜，切丁

1 个柠檬，使用一半来调味

准备时间：10 分钟

烹制时间：20 分钟

准备：

把土豆放在盐水中煮 15 分钟，直到其刚刚变软。使用冷水清洗，然后擦干。

加热烤架。

把蛋黄酱和酸奶混合起来，使用部分柠檬汁来调味。搅拌混合物倒入到带有酸豆、大部分的葱、黄瓜、以及醋渍小黄瓜的土豆中。把沙拉浇在其余的洋葱上。

给鲑鱼调味，放在烤盘上烤制，带皮一侧向下，直到刚好烤熟。倒上柠檬汁，搭配土豆沙拉一起食用。

每份的营养价值：420 千卡，38 克蛋白质，28 克碳水化合物（3 克纤维，6 克糖），13 克脂肪（3 克饱和脂肪），12%钙，11%铁，22%镁，29%维生素 C，59%的维生素 K，21%维生素 B1，18%维生素 B2，12%维生素 B3，22%维生素 B5，43%维生素 B6，18%维生素 B9，153%维生素 B12。

28. 墨西哥豆红辣椒

这是一款富含蛋白质的午餐，其可提供你每日所需 1/3 的纤维。尽管这款菜肴具有足够的营养可以单独食用，但是也可放在糙米上一起搭配食用。

配料（2 份）：

250 克绞碎的牛肉

200 克罐装的烘豆

75 毫升牛肉汤

½ 洋葱，切丁

½ 红辣椒，切丁

1 大汤匙辣椒酱

1 茶匙橄榄油

½ 茶匙辣椒粉

1 杯糙米，煮熟（可选）

香菜叶，

准备时间：5 分钟

烹制时间：45 分钟

准备：

把油倒入不粘锅食用中温加热，然后油煎洋葱和红辣椒，直到其变软。 增加温度，加入辣椒粉烹制 2 分钟，然后再加入绞碎的牛肉。 烹制，直到变成褐色，并且所有的液体都已经蒸发。

倒入牛肉汤、烘豆、以及辣椒酱。 小火炖 20 分钟，然后撒上香菜叶调味，和煮好的米饭一起搭配食用。

每份的营养价值（不包括大米）： 402 千卡，34 克蛋白质，19 克碳水化合物（5 克纤维，10 克糖），14 克脂肪（5 克饱和脂肪），29%铁，15%镁，42%维生素 C，11%维生素 B1，16%的维生素 B2，34%维生素 B3，40%维生素 B6，18%维生素 B9，52%维生素 B12。

½ 杯大米： 108 千卡

29. 牛肉和西兰花面条

牛肉西兰花面条是一款便捷、美味的菜肴，仅需 20 分钟就可做好，这对于那些繁忙的人士来说是绝佳的选项。你也可以在面条中加入几段红辣椒，这样就会更丰富其味道了。

配料（2 份）：

2 杯鸡蛋面

200 克王旺火炒制的牛肉条

1 棵大葱，切片

½ 头西兰花，小花

1 茶匙香油

酱：

1 ½ 大汤匙低盐大豆酱

1 茶匙西红柿酱

1 个大蒜瓣，压碎

1 大汤匙蚝油酱

¼ 节姜，细细的切碎

1 茶匙白酒醋

准备时间：10 分钟

在身体没有出现颤抖、或者服用药物的情形下 45 种可增肌的食谱

烹制时间：10 分钟

准备：

混合所有配料制作酱汁。 根据包装说明煮面条。 当面条快要煮熟时，倒入西兰花。 放置几分钟，然后倒出面条和西兰花中的水。

在锅中加热油，直到非常热时，用旺火煸炒牛肉 2-3 分钟直到其变成褐色。 倒入酱汁，搅拌，炖片刻，然后关火。

搅拌，洒上大葱，就可马上食用了。

每份的营养价值：352 千卡，33 克蛋白质，39 碳水化合物（5 克纤维，5 克糖），9 克脂肪（2 克饱和脂肪），20%铁，20%镁，20%维生素 A，224%的维生素 C，214%维生素 K，14%维生素 B1，19%维生素 B2，43%的维生素 B3，18%维生素 B5，50%维生素 B6，31%维生素 B9，23%维生素 B12。

30. 带有土豆的培根青鳕

这款清新美味的菜肴可提供许多能量，富含蛋白质，这使得其成为中餐的理想选择。 鳕鱼可以使用其他可消费的白鲑鱼所替代，而橄榄可以使用晒干的西红柿取代。

配料（2 份）：

2*140 克的鲑鱼片

4 片意式培根

300 克新土豆

100 克绿豆

30 克卡拉马塔橄榄

使用一个柠檬榨汁的汁和皮

2 大汤匙橄榄油

几个龙蒿枝，去叶

准备时间：10 分钟

烹制时间：15 分钟

准备：

炉灶温度升高到风扇 200 度/天然气数值为 6。土豆煮 10-12 分钟，直到其变软，加入绿豆，再煮 2-3 分钟。困干水，把土豆切成两半，放入烘干的盘子中。 摇动橄榄、柠檬皮、油，很好的入味。

对鱼调味，使用培根包起来，然后放置在土豆的上面。 烤制 10-12 分钟，直到完全熟透，然后加上柠檬汁，放上龙蒿，就可食用了。

每份的营养价值：525 千卡，46 克蛋白质，36 克碳水化合物（5 克纤维，3 克糖），31 克脂肪（8 克饱和脂肪），10%铁，31%镁，63%维生素 C，18%维生素 K，15%的维生素 B1，13%维生素 B2，14%维生素 B3，25%维生素 B6，73%维生素 B12。

晚餐

31. 寿司碗

这款低卡路里的寿司碗可以替代大米，其具有菜花的味道，而且大蒜、酱、以及酸橙汁可让你品尝到额外的味道。使用紫菜条把菜和三文鱼包起来，然后做成一个小的卷。

配料（2份）：

170 克熏制三文鱼

1 个中等大小的牛油果

½ 菜花，蒸熟并且切碎

1/3 杯切碎的胡萝卜

½ 茶匙辣椒

1.2 茶匙大蒜粉

1 茶匙低钠酱

2 个紫菜条

使用半个柠檬制作的汁

准备时间：10 分钟

无需烹制

准备：

把菜花、胡萝卜、酱、大蒜、酸橙汁、以及辣椒放入食品加工机中。 在混合物变成糊状之前停止混合。 把其放在三文鱼、和紫菜条一旁，用于食用。

每份的营养价值：272 千卡，20 克蛋白质，13 克碳水化合物（7 克纤维，4 克糖），16 克脂肪（1 克饱和脂肪），10%铁，14%镁，73%维生素 A，88%的维生素 C，13%维生素 E，40%维生素 K，18%维生素 B1，15%的维生素 B2，31%维生素 B3，21%维生素 B5, 31%维生素 B6，26%维生素 B9，45%维生素 B12。

32. 糖醋鸡

这款糖醋鸡是一款简单、美味的菜肴,其可在绝大部分厨房烹制。 这款菜肴富含有蛋白质和维生素,搭配成熟的西兰花效果更加。

配料(2份):

300 克切成小口的鸡胸肉

1 茶匙蒜盐

¼ 杯低钠鸡汤

¼ 杯白醋

¼ 无卡路里的甜味剂

¼ 茶匙黑胡椒

1 茶匙低钠酱

3 茶匙低糖番茄酱

竹芋粉

400 克蒸熟的西兰花

准备时间:10 分钟

烹制时间:15 分钟

准备：

把鸡肉放在大碗中，食用大蒜、胡椒、盐调味，上下翻动。 以中/高温烹制鸡肉，直到熟了。

同时，在一个炒锅中加入鸡汤、甜味剂、醋、番茄酱、以及酱油搅动，然后把混合物煮沸，然后转入小火。 每次添加少量的竹芋粉，快速的搅动。 搅拌几分钟。

把酱汁倒在烹制好的鸡肉上，一侧搭配有蒸好的西兰花。

每份的营养价值：250 千卡，40 克蛋白质，14 克碳水化合物（6 克纤维，4 克糖），2 克脂肪，11%钙，14%铁，20%镁，24%维生素 A，303%的维生素 C，254%维生素 K，17%维生素 B1，21%的维生素 B2，90%维生素 B3，24%维生素 B5, 58%维生素 B6，33%维生素 B9。

33. 蒜味鹰嘴豆泥

你仅需花费 5 分钟的时间就可喷之这款健康美味的菜肴。 这款菜肴富含镁，由于其没有肉，所以含有适当的蛋白质。 拿上一张全麦墨西哥薄饼，和这款菜肴搭配食用效果更佳。

配料（3 份）：

1*400 克罐装鹰嘴豆（不包括 1/4 的液体）

¼ 杯芝麻酱

¼ 杯柠檬汁

1 个大蒜瓣

1 大汤匙橄榄油

¼ 茶匙姜粉

¼ 茶匙孜然粉

2 棵葱，切碎

1 个西红柿，切片

准备时间：5 分钟

无需烹制

准备：

把鹰嘴豆、汁、芝麻酱、柠檬汁、橄榄油、大蒜、茴香、姜放在食品加工机中混合,直到充分混合。

搅拌西红柿和大葱,使用盐和胡椒调味。旁边是灯笼椒切片。

每份的营养价值:324 千卡,11 克蛋白质,21 克碳水化合物(7 克纤维,1 克糖),17 克脂肪(2 克饱和脂肪),22%钙,54%铁,135%镁,10%维生素 A,12%的维生素 C,33%维生素 K,122%维生素 B1,12%的维生素 B2,44%维生素 B3,11%维生素 B5,12%维生素 B6,40%维生素 B9。

34. 菠萝青椒鸡肉

暂时不用通常的鸡肉菜谱，尝试这款采用新鲜菠萝的鸡肉菜肴。这款菜肴富含有维生素 B3 和蛋白质，也富含碳水化合物。为了适应这一变化，你也可以把米饭替换为藜麦。

配料（1 份）：

140 克无骨鸡胸肉

1 大汤匙芥末

½ 杯新鲜的切丁菠萝

¼ 杯切丁灯笼椒

50 克糙米

椰子油喷雾

1 茶匙孜然

盐和胡椒

准备时间：5 分钟

烹制时间：15 分钟

准备：

把鸡肉切成小块，然后在小块鸡肉上擦上芥末，使用盐、胡椒和孜然调味。

把煮锅设置为中温加热，轻轻的喷上一些椰子油，然后倒入鸡肉，翻炒。 当鸡肉快要熟时，增加温度，倒入菠萝快和灯笼椒，进行烹制，以确保其变成褐色。 这需要大约 3-5 分钟的时间。

煮熟糙米，与鸡肉搭配食用。

每份的营养价值：377 千卡，37 克蛋白质，50 克碳水化合物（6 克纤维，10 克糖），1 克脂肪，12%铁，33%镁，168%维生素 C，26%维生素 B1，13%的维生素 B2，96%维生素 B3，22%维生素 B5，65%维生素 B6，10%维生素 B9。

35. 墨西哥风味的蛋白质碗

让你自己短暂的离开肉食吧,品尝这款新鲜美味的菜肴。 你可以远离油炸食品的脂肪、以及不健康的卡路里,并且仍然可以品尝到墨西哥菜肴的风味。

配料:

1/3 杯煮好的黑豆

½ 杯煮好的糙米

2 大汤匙调味汁

¼ 牛油果,切片

准备时间: 5 分钟

无需烹制

准备:

把所有配料放入一个碗中,就可食用了。

每份的营养价值: 307 千卡,11 克蛋白质,48 克碳水化合物(11 克纤维,1 克糖),7 克脂肪(1 克饱和脂肪),26%镁,13%维生素 K,16%维生素 B1,11%维生素 B3,17%维生素 B6,30%维生素 B9。

36. 芝麻菜鸡肉沙拉

芝麻菜叶子可以给这款甜蜜、以及超级健康的沙拉增加满意度。这款菜肴含有丰富的蔬菜和优质的蛋白质，再加上一些低脂酸奶和大蒜会更佳美味。

配料（1份）：

120 克鸡胸肉

5 个小萝卜，切碎

¼ 紫甘蓝，切碎

½ 杯芝麻菜

1 大汤匙葵花籽

1 茶匙橄榄油

准备时间：10 分钟

烹制时间：10 分钟

准备：

把鸡肉切成丁。在一个不粘锅中加热橄榄油，然后油煎鸡肉，直到鸡肉熟了。把鸡肉放在一边，降温。

把胡萝卜、芝麻菜和卷心菜放在一个大碗中。在降温的鸡肉上浇上沙拉、和葵花籽之后，就可食用了。

每份的营养价值：311 千卡，30 克蛋白质，9 克脂肪（1 克饱和脂肪），11%铁，22%镁，150%维生素 A，25%维生素 C，29%维生素 E，32%维生素 K，23%维生素 B1，10%维生素 B2，72%维生素 B3，11%维生素 B5，49%维生素 B6，17%维生素 B9。

37. 比目鱼芥末酱

这款味道浓郁的比目鱼菜肴是获得身体所需蛋白质一种快捷和容易的方法。其含有低的碳水化合物、以及高的维生素,这使得其成为晚餐的绝佳选项。如果你想感觉更刺激的味道,可以让酱汁的量加倍。

配料（2 份）：

220 克比目鱼

¼ 洋葱，切丁

½ 红辣椒，切丁

1 个大蒜瓣

1 大汤匙芥末酱

1 茶匙辣酱油

1 茶匙橄榄油

使用一个柠檬制作的柠檬汁

一束欧芹

2 个大的胡萝卜，切成条

1 杯西兰花

1 杯蘑菇，切成片

准备时间：10 分钟

烹制时间：20 分钟

准备：

把红辣椒、大蒜、欧芹、芥末、洋葱伍斯特沙司、柠檬汁、橄榄油放入到一个食品加工机中。

把鱼、酱、以及其余的蔬菜放入到一个大的牛皮纸烘培袋中。在风扇 190 度/天然气数值为 5 的情形下烘培 20 分钟，就可食用了。

每份的营养价值：225 千卡，33 克蛋白质，12 克碳水化合物（3 克纤维，5 克糖），5 克脂肪（1 克饱和脂肪），11%钙，10%铁，35%镁，180%维生素 A，77%的维生素 C，71%维生素 K，13%维生素 B1，19%的维生素 B2，51%维生素 B3，14%维生素 B5，34%维生素 B6，15%维生素 B9，25%维生素 B12。

38. 托盘烤鸡肉

这款菜肴烹制快捷、容易、而且美味，其会成为你厨房夏季烹制的主要菜肴，因为在这一季节不确实新鲜的圣女果。香蒜酱可给这款简单调味的鸡胸肉带来清爽的口感。

配料（2份）：

300 克鸡胸肉

300 克圣女果

2 大汤匙香蒜酱

1 大汤匙橄榄油

胡椒，盐

准备时间：5 分钟

烹制时间：15 分钟

准备：

把鸡胸肉放入一个烘培盘中，撒上橄榄油调味，然后烤制 10 分钟。然后加入圣女果，再烤制 5 分钟，直到鸡肉熟透。在顶上撒上香蒜酱，与一旁的圣女果搭配食用。

每份的营养价值：312 千卡，36 克蛋白质，7 克碳水化合物（2 克纤维，5 克糖），19 克脂肪（4 克饱和脂肪），15%镁，25%

维生素 A, 34%维生素 C，11%维生素 E， 20%维生素 K，10%维生素 B1， 88%维生素 B3, 13%维生素 B5，33%维生素 B6。

39. 豆腐汉堡

豆腐含有所有基本的氨基酸,这使得其成为肉的绝佳替代品。带有辣椒片、辣椒酱的焦糖洋葱与红烧豆腐搭配,绝对会吸引你的味蕾。

配料(1份):

85 克豆腐(特硬)

1 茶匙日式照烧汁

1 茶匙辣椒酱

1 个生菜叶子

30 克胡萝卜,切碎

¼ 红洋葱,切片

½ 茶匙红辣椒片

1 个中等大小的全麦卷

准备时间:5 分钟

烹制时间:10 分钟

准备:

加热烤架。

在日式照烧汁、红辣椒片、以及辣椒酱在浸泡豆腐，然后每侧烤制 3-5 分钟。

在一个不粘锅中油煎红洋葱，直到具有焦糖味。

把卷对半切开，直到你可以像书一样打开它。在卷上放入烤制的豆腐、焦糖味洋葱、胡萝卜、生菜，然后就可食用了。

每份的营养价值：194 千卡，11 克蛋白质，28 克碳水化合物（5 克纤维，8 克糖），5 克脂肪（1 克饱和脂肪），21%钙，14%铁，19%镁，95%维生素 A，10%维生素 B1，14%维生素 B6。

40. 豆瓣鳕鱼

这款绝佳的麻辣鳕鱼富含蛋白质、健康脂肪、以及较低的碳水化合物，可让你精力充沛的度过一天中剩余的时间。 如果你想针对晚上的锻炼增加一些碳水化合物，在食用时可以搭配一些糙米，如果你喜欢辣，可以添加 2 两个辣椒。

配料（2 份）：

340 克鳕鱼

10 个圣女果，对半切开

2 个墨西哥胡椒，切片

2 大汤匙橄榄油

海盐

辣椒粉

准备时间：5 分钟

烹制时间：10 分钟

准备：

在一个不粘锅中加热油。 鳕鱼粘上盐和辣椒粉，放入锅中，在中温状态下烹制 10 分钟。在鳕鱼完全熟之前 1-2 分钟，放入胡椒。

搭配圣女果食用。

每份的营养价值：279 千卡，30 克蛋白质，6 克碳水化合物（1 克纤维，1 克糖），16 克脂肪（2 克饱和脂肪），11%镁，17%维生素 A, 38%维生素 C，26%维生素 E，33%维生素 K，24%维生素 B3，43%维生素 B6, 26%维生素 B12。

41. 烤蘑菇和西葫芦汉堡

波多贝罗蘑菇具有肥厚、多肉的质地，这使得其广受素食者、嗜肉者的欢迎。 品尝着美味的汉堡包，而且可以最低的卡路里成本获得大量的矿物质和维生素。

配料（1 份）：

1 个大的波多贝罗蘑菇叶片

¼ 小西葫芦，切片

1 茶匙烤甜椒

1 片低脂奶酪

4 个菠菜叶子

橄榄油喷雾

1 个中等大小的全麦卷

准备时间：5 分钟

烹制时间：5 分钟

准备：

加热烤架。 在蘑菇叶片喷上橄榄油，然后烤制蘑菇和西葫芦片。

在身体没有出现颤抖、或者服用药物的情形下 45 种可增肌的食谱

把全麦卷水平对半切开，然后把佐料逐层放在一半全麦卷上，用另一半盖上。就可立即食用了。

每份的营养价值：185 千卡，12 克蛋白质，24 克碳水化合物（4 克纤维，5 克糖），4 克脂肪（1 克饱和脂肪），21%钙，17%铁，20%镁，78%维生素 A，28%的维生素 C，242%维生素 K，15%维生素 B1，37%的维生素 B2，26%维生素 B3，16%维生素 B5，16%维生素 B6，31%维生素 B9。

42. 地中海鱼

有比地中海鱼可以更好的满足你每日 B12 需求量的菜肴吗？这款菜肴也富含有维生素和矿物质，并且就这款易于消化的菜肴来说，其蛋白质含量也是很可观的。

配料（2份）：

200 克新鲜的鳟鱼

2 个中等大小的西红柿

3 茶匙酸豆

½ 红辣椒，切碎

1 个大蒜瓣，压碎

10 个绿色的橄榄，切片

¼ 洋葱，切丁

½ 杯菠菜

1 大汤匙橄榄油

盐和胡椒

准备时间：10 分钟

烹制时间：15 分钟

准备：

对大平底锅以中温加热；倒入全部的西红柿、大蒜、和橄榄油。盖上锅，让其炖几分钟，孩子到西红柿开始变软。

加入洋葱、灯笼椒、橄榄、酸豆、盐和胡椒（如需要加入少量水）。盖上锅盖，让其炖几分钟，直到西红柿分开、并且灯笼椒和洋葱变软为止。

加入鳟鱼，盖上锅盖，煮 5-7 分钟。

最后加入菠菜，这样就可食用了。

每份的营养价值：305 千卡，24 克蛋白质，7 克碳水化合物（1 克纤维，4 克糖），11 克脂肪（3 克饱和脂肪），10%钙，12%镁，36%维生素 A，56%的维生素 C，62%维生素 K，13%维生素 B1，33%维生素 B3，12%维生素 B5，25%维生素 B6，15%维生素 B9，105%维生素 B12。

43. 素食晚餐

素食晚餐含有丰富的蛋白质和维生素。让你的味蕾体验这甜蜜、辛辣的酱汁，其是专门为豆腐准备的，这款菜肴烹制起来非常容易。

配料（2 份）：

340 克豆腐

¼ 杯豆豉

¼ 杯红糖

2 茶匙香油

1 茶匙橄榄油

1 茶匙辣椒片

2 个大蒜瓣，切碎

1 茶匙姜，捣碎

盐

准备时间：5 分钟

烹制时间：15 分钟

准备：

把红糖、豆豉、香油、姜、辣椒片、盐在碗中混合起来，放在一边。

在酱锅中倒入橄榄油，加热，然后油煎豆腐大约 10 分钟。

把酱汁倒入锅中，烹制 3-5 分钟。当酱汁变稠、豆腐已经做好时，就可食用了。

每份的营养价值：245 千卡，17 克蛋白质，15 克碳水化合物（1 克纤维，11 克糖），15 克脂肪（3 克饱和脂肪），34%钙，19%铁，19%镁，11%维生素 B2，11%z 维生素 B6。

44. 金枪鱼三明治

这款菜肴与含有较高的饱和脂肪和碳水化合物的普通金枪鱼三明治不同，其含有适量的碳水化合物，而且富含蛋白质，这使得其成为支持肌肉生长的绝佳菜肴。

配料（2份）：

1 个金枪鱼罐头（165 克）

2 片低脂马苏里拉奶酪

2 茶匙西红柿酱

1 个全麦英式松饼

少量的牛至

准备时间：5 分钟

烹制时间：3 分钟

准备：

把烤炉预热到风扇 190 摄氏度/液化气数值为 5。

切开英式松饼，每一半都要涂上西红柿酱。上面再放上金枪鱼，然后再洒上少量的牛至，在金枪鱼的上面再放上一片奶酪。把小的三明治放在烤炉中，烤制 2-3 分钟，或者直到奶酪已经溶化，最后从中间切开，就可以食用了。

每份的营养价值： 255 千卡，31 克蛋白质，14 克碳水化合物（2 克纤维，2 克糖），6 克脂肪（4 克饱和脂肪），29%钙，11%铁，13%镁，10%维生素 B1，10%的维生素 B2，60%维生素 B3，23%维生素 B6，52%维生素 B12。

45. 牛油果沙拉鸡肉

这款菜肴实现了优质蛋白质和健康脂肪之间的绝佳平衡，这一点会绝对会让你满意的。 可以用柠檬汁取代醋，这样使其具有更清新的感觉。

配料（1份）：

100 克鸡胸肉

1 茶匙熏制的辣椒粉

2 茶匙橄榄油

沙拉：

½ 中等大小的牛油果，切丁

1 个中等大小的西红柿，切碎

½ 小的洋葱，薄薄的切片

1 大汤匙欧芹，大致切碎

1 茶匙红酒醋

准备时间：10 分钟

烹制时间：10 分钟

准备：

把烤架加热到中等温度。用 1 大汤匙橄榄油和辣椒粉摩擦鸡肉。每侧烤制 5 分钟，直到其完全熟了，并且轻微烧焦。把鸡肉切成厚片。

把沙拉配料混合在一起，调味，并且添加剩余的橄榄油，与鸡肉一起搭配食用。

每份的营养价值：346 千卡，26 克蛋白质，14 克碳水化合物（6 克纤维，4 克糖），22 克脂肪（3 克饱和脂肪），16%镁，22%维生素，44%维生素 C，18%的维生素 E，38%维生素 K，12%维生素 B1，11%维生素 B2，66%维生素 B3，19%维生素 B5，43%维生素 B6，22%维生素 B9。

小吃

1. 白软干酪圣女果

把 5 个圣女果对半切开,使用带有新鲜莳萝、少量盐、以及 2 大汤匙白软干酪涂抹。

营养价值:58 千卡,4 克蛋白质,10 克碳水化合物,30%维生素 A,40%维生素 C,20%维生素 K,10%维生素 B1,10%维生素 B6,10%维生素 B9。

2. 牛油果吐司

烘烤一小片全麦面包,然后用 50 克切碎的牛油果覆盖,撒上盐和胡椒。

营养价值:208 千卡,5 克蛋白质,28 克碳水化合物(6 克纤维,2 克糖),9 克脂肪(1 克饱和脂肪),13 克维生素 K,13%维生素 B9。

3. 白软干酪灯笼椒

把小的灯笼椒对半切开,去籽,然后用你选择的调味、以及 50 克白软干酪涂抹。

营养价值:44 千卡,6 克蛋白质,3 克碳水化合物(3 克糖),49%维生素 C。

4. 花生酱年糕

在一块年糕上放上 1 大汤匙奶油色花生酱。

营养价值:129 千卡,5 克蛋白质,10 克碳水化合物(1 克纤维,1 克糖),8 克脂肪(1 克饱和脂肪),10%维生素 B3。

5. 带有山羊奶酪的芹菜和绿色橄榄

放有 3 大汤匙山羊奶酪的芹菜条和 3 个切片绿色橄榄。

营养价值：102 千卡，4 克蛋白质，6 克碳水化合物（3 克纤维），6 克脂肪（4 克饱和脂肪），12%钙，45%维生素 K，18%维生素 A，12%维生素 B9。

6. 带有干枸杞子的酸奶

把 10 克枸杞子和 150 克低脂酸奶混合起来。

营养价值：134 千卡，7 克蛋白质，19 克碳水化合物（1 克纤维，18%糖），4 克脂肪（1 克饱和脂肪），27%钙，24%铁，13%维生素 C，19%维生素 B2，13%维生素 B12。

7. 苹果和花生酱

把小苹果切片，把 1 大汤匙奶白色花生酱涂抹在上面。

营养价值：189 千卡，4 克蛋白质，28 克碳水化合物（5 克纤维，20 克糖），8 克脂肪（1 克饱和脂肪），14 克维生素 C，14%维生素 B3。

8. 带有蓝莓的希腊酸奶

把 5 个中等大小的草莓对半切开，然后与 150 克希腊酸奶混合。

营养价值：150 千卡，11 克蛋白质，10 克碳水化合物（10 克糖），8 克脂肪（5 克饱和脂肪），10%钙，60%维生素 C。

9. 混合坚果

把 10 克核桃仁、10 克扁桃仁、以及 30 克葡萄干混合起来。

营养价值：217 千卡，4 克蛋白质，25 克碳水化合物（2 克纤维，17 克糖），13 克脂肪（1 克饱和脂肪），10%镁。

10. 火腿和芹菜条

把 6 个中等尺寸的芹菜条、三片火腿、与 1 大汤匙全谷芥末搭配食用。

营养价值：129 千卡，15 克蛋白质，6 克碳水化合物（6 克纤维），3 克脂肪，12%钙，24%维生素 A，12%维生素 C，90%维生素 K，18%维生素 B1，12%维生素 B2，24%维生素 B3，15%维生素 B6，24%维生素 B9。

11. 带有热带水果的酸奶

在 150 克希腊酸奶中添加½ 杯切碎的猕猴桃、以及¼杯切碎的芒果混合起来。

营养价值：210 千卡，12 克蛋白质，25 克碳水化合物（2 克纤维，19 克糖），8 克脂肪（5 克饱和脂肪），13%钙，11%维生素 A，155%维生素 C，46%维生素 K。

12. 蓝莓酸奶

把 150 克低脂酸奶和 ½杯蓝莓混合起来。

营养价值：136 千卡，8 克蛋白质，21 克碳水化合物（2 克纤维，18 克糖），3 克脂肪（1 克饱和脂肪），27%钙，13%维生素 C，18%维生素 K，21%维生素 B2，13%维生素 B12。

13. 杯装爆米花

营养价值：31 千卡，1 克蛋白质，6 克碳水化合物（1 克纤维）。

14. 烤鹰嘴豆

营养价值 50 克：96 千卡，4 克蛋白质，13 克碳水化合物（4 克纤维，2 克糖），3 克脂肪。

这位作者其他精美书籍

健美运动员高级心理素质培训

使用可视化的方法可自己逼到极限

作者

Joseph Correa

具有执照的运动营养专家

健美运动员通过使用冥思成为精神的强者

通过控制你内心的想法发挥你的潜力

作者

Joseph Correa

具有执照的运动营养专家

www.ingramcontent.com/pod-product-compliance
Lightning Source LLC
Chambersburg PA
CBHW070152080526
44586CB00015B/1953